EXPLORA AMÉRICA LATINA

LA HISTORIA

SUSAN NICHOLS

Britannica
Educational Publishing

IN ASSOCIATION WITH

ROSEN
EDUCATIONAL SERVICES

Published in 2018 by Britannica Educational Publishing (a trademark of Encyclopædia Britannica, Inc.) in association with The Rosen Publishing Group, Inc.
29 East 21st Street, New York, NY 10010

Distributed exclusively by Rosen Publishing.
To see additional Britannica Educational Publishing titles, go to rosenpublishing.com.

First Edition

Britannica Educational Publishing
J.E. Luebering: Executive Director, Core Editorial
Andrea R. Field: Managing Editor, Compton's by Britannica

Rosen Publishing
Nathalie Beullens-Maoui, Editorial Director, Spanish
Esther Sarfatti, Translator
Carolyn DeCarlo: Editor
Nelson Sá: Art Director
Michael Moy: Series Designer
Raúl Rodriguez: Book Layout
Cindy Reiman: Photography Manager
Nicole Baker: Photo Researcher

Library of Congress Cataloging-in-Publication Data

Names: Nichols, Susan, 1975- author.
Title: La historia / Susan Nichols, translated by Esther Sarfatti.
Description: New York : Britannica Educational Publishing in Association with
Rosen Educational Services, 2018. | Series: Explora América Latina |
Audience: Grades 5-8. | Includes bibliographical references and index.
Identifiers: ISBN 9781538301128 (library bound : alk. paper) | ISBN 9781538301159 (pbk. : alk. paper) | ISBN 9781538301142 (6-pack : alk. paper)
Subjects: LCSH: Latin America--History--Juvenile literature.
Classification: LCC F1410 .N53 2018 | DDC 980--dc23

Manufactured in the United States of America

Photo credits: Cover, p. 7 DEA/M. Seemuller/De Agostini Picture Library/Getty Images; pp. 4, 5, 9, 37 Encyclopaedia Britannica, Inc.; pp. 4-5, 8, 16, 23, 29, 36 (background) By Pyty/Shutterstock.com; p. 10-11 Windmill Books/Universal Images Group/Getty Images; pp. 12-13 Digital Vision/Getty Images; pp. 14-15 robert lerich/Fotolia; p. 17 © Victor Englebert; p. 19 Jan Pešula; pp. 20-21 © Eli Coory/Fotolia; p. 24 ullstein bild/Getty Images; p. 25 © Photos.com/Thinkstock; p. 27 DEA/G. Dagli Orti/De Agostini/Getty Images; p. 30 Historic Map Works LLC/Getty Images; p. 31 Leemage/Universal Images Group/ Getty Images; p. 33 Jeremy Woodhouse/Digital Vision/Getty Images; pp. 35, 42 Bettmann/ Getty Images; pp. 38-39 Stefano Bianchetti/Corbis Historical/Getty Images; p. 41 U.S. Navy; back cover By Filipe Frazao/Shutterstock.com

CONTENIDO

INTRODUCCIÓN

Miles de años antes de que los exploradores europeos pusieran pie en las Américas, ya vivían allí los pueblos indígenas de esas tierras. Aunque Cristóbal Colón, de Génova —hoy Italia—, no fue el primer europeo en pisar las Américas (los vikingos, como Leif Eriksson, habían visitado América del Norte cinco siglos antes), la llegada de sus barcos a las Antillas en 1492 supuso un hito importante, ya que marcó el principio de la era colonial en América Latina. Colón, cuyos viajes fueron financiados por los monarcas españoles Fernando II e Isabel I, llegó al continente sudamericano en el año 1498. En las próximas décadas, los españoles ocuparon las zonas de mayor población indígena y con más recursos de América Latina. Otras potencias europeas los siguieron poco después.

Pero si estas tierras representaban un "nuevo mundo" para los europeos, eran un mundo ya antiguo para los pueblos indígenas que encontraron Colón y sus sucesores. Entre estos pueblos estaban los mayas de la península de Yucatán, los

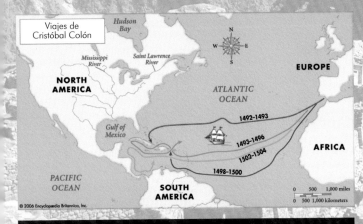

Viajes de Cristóbal Colón

Hudson Bay

NORTH AMERICA

Mississippi River

Saint Lawrence River

EUROPE

ATLANTIC OCEAN

Gulf of Mexico

1492-1493

1493-1496

1502-1504

AFRICA

1498-1500

PACIFIC OCEAN

SOUTH AMERICA

0   500   1,000 miles
0 500 1,000 kilometers

© 2006 Encyclopædia Britannica, Inc.

Este mapa muestra los cuatro viajes que emprendieron Cristóbal Colón y su tripulación por el océano Atlántico entre 1492 y 1504.

POLAR INUIT

NORTH ALASKAN INUIT
CENTRAL ALASKAN YUPIK
DEG XINAG
TANAINA
PACIFIC YUPIK
ALEUT

MACKENZIE INUIT
GWICHIN
NETSILIK INUIT
IGLULIK INUIT
COPPER INUIT
EAST GREENLAND INUIT
WEST GREENLAND INUIT

DOGRIB
CARIBOU INUIT
BAFFINLAND INUIT

TLINGIT
TAHLTAN
KASKA
SEKANI
SLAVE
LABRADOR INUIT
TSIMSHIAN
CHIPEWYAN
INNU
HAIDA
CARRIER
BEAVER
CREE
INNU
BELLA COOLA
SHUSWAP
KWAKIUTL
LILLOOET
KUTENAI
NUU-CHAH-NULTH
KALISPEL
BLACKFEET
COAST SALISH
SPOKAN
FLATHEAD
OJIBWA
CREE
MI'KMAQ
CHINOOK
YAKAMA
WALLA WALLA
ALGONQUIN
PENOBSCOT
MODOC
UMATILLA
NEZ PERCÉ
HIDATSA
OTTAWA
ABENAKI
SHASTAN
KLAMATH
CROW
MANDAN
MENOMINEE
HURON
MASSACHUSET
YUROK
PAIUTE
BANNOCK
ARIKARA
POTAWATOMI
WOODLAND
WAMPANOAG
HUPA
WINTUN
SHOSHONE
SIOUX
HO-CHUNK
KICKAPOO
MOHICAN
NARRAGANSET
POMO
YUKI
YANA
CHEYENNE
SAUK
SUSQUEHANNOCK
PEQUOT, MOHEGAN
MAIDU
WASHOE
GOSIUTE
OMAHA
IOWA
MIAMI
DELAWARE
MIWOK
UTE
PAWNEE
MISSOURI
POWHATAN
SALINAN
MONO
PAIUTE
ARAPAHO
KANSA
ILLINOIS
SHAWNEE
CHUMASH
HAVASUPAI
KIOWA
OSAGE
CHICKASAW
YUCHI
TUSCARORA
GABRIELEÑO
YOKUTS
MOJAVE
NAVAJO
CHEROKEE
CATAWBA
JUANEÑO
YUMA
PUEBLO
WICHITA
CADDO
TUNICA
CREEK
LUISEÑO
APACHE
COMANCHE
GUALE
DIEGUEÑO
COCOPA
TOHONO O'ODHAM
NATCHEZ
CHOCTAW
PIMA
SEMINOLE
TIMUCUA
YAQUI
TARAHUMARA
APALACHEE
MAYO
CHITIMACHA
CALUSA
TEPEHUÁN
CORA
HUASTEC
CIBONEY
HUICHOL
OTOMÍ
TOTONAC
A R A W A K
TARASCO
MAYA
AZTEC
MIXTEC
ZAPOTEC
JICAQUE
MISKITO
CARIB
TAIRONA
CAQUETIO
JIRAJARA
MARAJOARA
GUAJIRO
KUNA
PALENQUE
ARAWAK
CHOCÓ
GUAHIBO
CARIB
PALICUR
CHIBCHA
ACHAGUA
TAULIPANG
MAKÚ
MAKUSHI
PÁEZ
SHUAR (JÍVARO)
OMAGUA
CARIB
TUPINAMBÁ
INCA
MURA
TAPAJÓ
MUNDURUKÚ
CHIMÚ
GE
NAMBIKWARA
INCA
SIRIONÓ
TUPINAMBÁ
AYMARA
ATACAMA
ACHÉ
BOTOCUDO
DIAGUITA
VILELA
GUARANÍ
TUPINAMBÁ
ABIPÓN
HUARPE
CHARRÚA
QUERANDÍ
ARAUCANIAN
GUAYCURÚ
PUELCHE
TEHUELCHE
CHONO
ALACALUF
YÁMANA

A COMPTON'S MAP

Zonas culturales tradicionales de las Américas

Ártico
California
América Central y norte de los Andes
Andes centrales
Gran Cuenca
Regiones marginales
Mesoamérica
Noreste
Costa noroeste
Llanuras
Meseta
Selva tropical
Sudeste
Sudoeste
Subártico

Esta ilustración muestra las zonas culturales tradicionales que existían en las Américas, antes de la llegada de los europeos.

incas de Perú y muchos más. Sus antepasados habían llegado a América Latina unos 12,000 años antes. A lo largo de los siglos, se habían ido desarrollando culturas complejas en la región. Habían surgido ciudades grandes, redes comerciales de larga distancia y sofisticadas uniones políticas, así como asombrosas obras de arte y arquitectura, y conocimientos astronómicos. Las pirámides de los mayas, con sus templos en lo alto, y las terrazas escalonadas y magníficas casas de piedra de los incas, por ejemplo, dan fe de los tremendos logros de estos pueblos altamente capacitados.

Desgraciadamente, debido a la llegada de los exploradores y colonos europeos, estas culturas indígenas sufrieron una aniquilación casi total. Los europeos tomaron a muchos indígenas como esclavos e introdujeron sin querer numerosas enfermedades que diezmaron a la población indígena de las Américas. Con el tiempo, España llegó a gobernar México, América Central, gran parte de América del Sur y algunas zonas de las Antillas. Brasil estuvo bajo dominio portugués. Francia reclamó lo que ahora es la Guayana Francesa y varias islas del Caribe. Muchos europeos se asentaron en estos territorios. Implantaron sus idiomas, su religión católica y su cultura en la región. Además, los europeos introdujeron muchos esclavos africanos.

No fue hasta el siglo XIX que la mayor parte de América Latina logró la independencia de Europa. Las propiedades que tenía España en la región se perdieron en gran medida entre 1810 y 1825 como resultado de los movimientos revolucionarios. En esa época, surgió un líder célebre en América Latina: el general rebelde Simón Bolívar. Conocido como el Libertador, Bolívar consiguió liberar grandes zonas del dominio español. Solamente las islas de Puerto Rico y Cuba siguieron como colonias españolas, y estas se perdieron durante la guerra Hispano-Estadounidense de

1898. Muchos de los nuevos países de América Latina establecieron gobiernos basados en los modelos democráticos de Estados Unidos y Francia. No obstante, desde entonces, en muchos casos ha habido líderes militares que han tomado el poder, creando dictaduras en la región.

En este cuadro, Simón Bolívar dirige a su ejército en la batalla de Junín, el 6 de agosto de 1824, durante la guerra de Independencia de Perú.

A principios del siglo XXI, la inestabilidad política aún asola algunos países de América Latina, y siguen existiendo grandes desafíos económicos y sociales. Pero también es cierto que América Latina ha ido asumiendo un papel más destacado en el escenario mundial. Todas las miradas estaban puestas en Brasil cuando fue sede de la Copa Mundial de Fútbol, en 2014, y de los Juegos Olímpicos de verano, en 2016. En 2013, un cardenal argentino se convirtió en el papa Francisco, el primer dirigente latinoamericano de la Iglesia católica. Y en 2016 el presidente de Colombia, Juan Manuel Santos, recibió el Premio Nobel de la Paz por sus esfuerzos para acabar con la larga guerra civil de su país. América Latina sigue evolucionando y fascinando al mundo. Su rica y dramática historia se presenta en este volumen, que examina los factores y acontecimientos que han dado forma a esta región vibrante y siempre cambiante.

CAPÍTULO UNO

LOS PUEBLOS INDÍGENAS DE AMÉRICA LATINA

Hace miles de años, durante la última era glacial, existía un puente terrestre conocido como Beringia, que conectaba el noreste de Asia con la actual Alaska. Hace al menos 13,000 años, y tal vez mucho más, hubo gente de Asia que comenzó a cruzar este puente. Estos grupos de personas fueron los primeros humanos en poner pie en las Américas. Más tarde, cuando las capas de hielo se derritieron, el puente terrestre desapareció debido al aumento del nivel del mar y no hubo más migración.

A lo largo de varios siglos, esta gente se repartió por toda América del Norte y algunos atravesaron América Central para llegar a América del Sur. Allí establecieron varias culturas e identidades. A estas personas se las conoce como "amerindios", y fueron los primeros pueblos indígenas de las Américas. Es probable que llegaran hasta el extremo sur de América del Sur hace entre 3,000 y 5,000 años.

CAZADORES-RECOLECTORES Y NÓMADAS

Al principio, los amerindios pasaban gran parte de su tiempo buscando alimentos, yendo de un lugar a otro

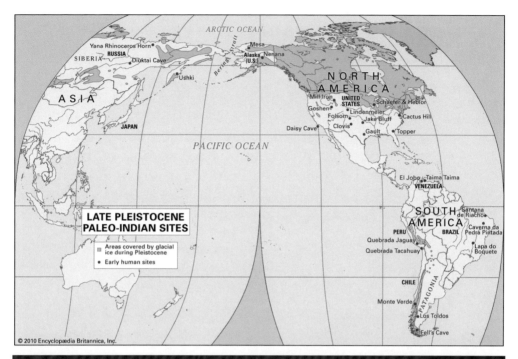

Los humanos primitivos se desplazaron del noreste de Asia a las Américas por un puente sobre el estrecho de Bering ahora sumergido. Los emplazamientos arqueológicos apuntan a las posibles rutas migratorias de los paleoindios después de que se derritieran los glaciares.

para cazar animales y recolectar frutos. Cuando la comida se agotaba en una región, se trasladaban a otra zona diferente. En América del Norte se quedaron durante mucho tiempo pero, cuando la caza comenzó a escasear, siguieron a los animales que quedaban hasta llegar a las llanuras de América Central y la cordillera de los Andes en América del Sur.

La vida era peligrosa para los primeros indígenas. Además del desafío de sobrevivir en tiempos difíciles, convivían con animales de gran tamaño, como mamuts, mastodontes y bisontes. Con el tiempo, empezaron a asentarse y a cultivar la tierra, experimentando con la agricultura. Esto tuvo lugar a lo largo de varios milenios.

HORA DE ASENTARSE

Poco a poco, fueron surgiendo distintas civilizaciones.
Durante los siglos XV y XVI, el pueblo azteca, llamado
mexica, estableció un gran imperio en lo que hoy es
México. La capital, Tenochtitlán, era un gran centro
de comercio. Fundada en 1325 d. C., esta ciudad
ornamentada se construyó sobre un lago. Era una
ciudad eficiente: los aztecas construyeron acueductos

y canales que suministraban agua dulce para beber y regar los cultivos, y una serie de diques para impedir inundaciones.

Una de las culturas indígenas más impresionantes fue la de los incas. Su imperio se estableció en lo que actualmente es Perú; muchas ciudades se construyeron en los altiplanos de la cordillera de los Andes. Los incas construían caminos pavimentados para unir sus ciudades, y puentes colgantes para poder cruzar las montañas. Una de sus ciudades más bellas fue Machu Picchu.

En esta ilustración, los nobles y guerreros aztecas observan el centro ceremonial de Tenochtitlán. El edificio que contemplan es el Templo Mayor.

LA CIUDAD DE LAS MONTAÑAS

Los incas tenían sofisticados sistemas de ingeniería y arquitectura, como lo demuestra Machu Picchu, una de sus ciudades más asombrosas. Ubicada en la región centro-sur de Perú, a 7,710 pies (2,350 m) por enci-

Machu Picchu, la célebre ciudad antigua de los incas, se encuentra a unas 75 millas (120 km) al noroeste de Cuzco, Perú, en la cordillera de los Andes.

ma del nivel del mar, y rodeada por el río Urubamba, Machu Picchu ya tenía habitantes en los siglos XV y XVI d. C. Posiblemente fuera un centro ceremonial o la residencia del emperador Pachacútec.

Alrededor de la ciudad había terrazas escalonadas utilizadas para la agricultura, ayudaban a preservar el suelo y distribuir mejor el agua. Muchas

de sus plazas, templos y casas se construyeron con bloques de granito blanco tan bien encajados que no hacía falta mortero.

Uno de sus edificios más impresionantes es el Templo del Sol, el cual tiene una estructura semicircular. Se cree que fue diseñado con mucho cuidado por arquitectos y astrólogos incas, ya que, durante el solsticio de verano, en junio, hay una piedra dentro del edificio que queda iluminada por la luz del sol que entra por una de las ventanas.

Las ruinas de Machu Picchu quedaron casi completamente escondidas por la vegetación, hasta que un agricultor peruano llevó a un equipo de arqueólogos hasta ellas en 1911. Machu Picchu fue nombrado Patrimonio de la Humanidad por las Naciones Unidas en 1983. Cada año lo visitan miles de turistas.

CIVILIZACIONES FLORECIENTES

El pueblo caribe habitaba las islas de las Antillas Menores y algunas partes de la costa de América del Sur. Originalmente vivían en el norte de América del Sur, pero alrededor del año 1000 d. C., muchos migraron a las islas del Caribe. Eliminaron brutalmente a los arawaks, el pueblo que vivía allí. A muchos los mataron y a otros los volvieron esclavos.

En Brasil, el pueblo tupí desarrolló una próspera civilización. Los tupíes, que estaban agrupados en diferentes tribus pero hablaban el mismo idioma, se asentaron primero en la región de la selva amazónica.

Una de las civilizaciones indígenas más veneradas fue la de los mayas, que duró más de 2,000 años. Los mayas vivían en la penín-sula de Yucatán y en Guatemala. Una de sus ciudades antiguas más emblemáticas es Tikal, donde se encuentran pirámides de más de 200 pies (60 m) de altura.

Estas culturas indígenas florecieron du-rante siglos, con sus épocas de esplendor y declive. Sin embargo, la llegada de los eu-ropeos a finales del siglo XV llevó a la mayo-ría a su colapso.

El Templo del Jaguar se encuentra en lo alto del Templo I, una de las pirámides más impresionantes de la antigua ciudad maya de Tikal, en la actual Guatemala. El templo tiene nueve terrazas y mide 120 pies (37 m) de altura.

CAPÍTULO DOS

LA CONQUISTA DEL "NUEVO MUNDO"

Aunque sabemos que Cristóbal Colón no fue el primero en "descubrir" las Américas, lo cierto es que llevó la influencia española al "Nuevo Mundo". A los primeros exploradores españoles que siguieron a Colón se les llamaba conquistadores. Su objetivo era encontrar oro y hacerse ricos para volver a España como nobles.

El hecho de que hubiera ya gente viviendo en las tierras conquistadas no les importó a estos hombres. De hecho, utilizaron a los indígenas como esclavos en las minas de oro y otros metales preciosos. Vencieron a los habitantes de las islas del Caribe antes de pasar al continente. Solo dos décadas después de la llegada de Colón, grandes extensiones de tierra y muchos imperios nativos habían sido colonizados por España.

EL DOMINIO ESPAÑOL

La región que actualmente es México, donde vivieron primero los mayas y luego los aztecas y otros, fue conquistada por Hernán Cortés y su ejército en 1521. El

Imperio inca de Perú fue conquistado por Francisco Pizarro en 1532. ¿Cómo pudieron tan pocos hombres conquistar a una cantidad de gente tan enorme? Aunque los indígenas eran mucho más numerosos, los conquistadores tenían armas superiores, como espadas de acero, mientras que las de los indígenas eran de madera y otros materiales naturales. Los conquistadores también tenían ar-

Al este de Colombia, los rancheros llevan sus caballos a beber a la región de los Llanos, una enorme pradera. Hoy día, los caballos son muy comunes en las Américas.

cabuces, un tipo de arma de fuego que aterrorizaba a los nativos; ballestas, que disparaban flechas y —lo más importante— caballos, los cuales no se conocían en América Central y del Sur. Un soldado de caballería podía dominar fácilmente a varios guerreros indígenas a pie.

Sin saberlo, los conquistadores también llevaban consigo algo mucho más mortífero que las armas: sus gérmenes. Los virus de los conquistadores devastaron las comunidades indígenas. Los nativos del Caribe prácticamente desaparecieron. Los cincuenta millones de indígenas que, se calcula, vivían en el continente al principio de la colonización habían descendido a solo cuatro millones en el siglo XVII.

Los que sobrevivieron pronto se convirtieron en esclavos y debían buscar oro y otros metales preciosos para los conquistadores si querían seguir con vida. Los conquistadores establecieron un sistema llamado encomienda, en el cual

(Continúa en la página 20)

¿CUÁL FUE EL PAPEL DE LOS MISIONEROS ESPAÑOLES?

España también comenzó a influir sobre la gente indígena de otras formas, concretamente en sus creencias religiosas. Los colonizadores creían que era su misión convertir a los indígenas al cristianismo, ya que los consideraban paganos. Los españoles eran católicos y enviaron a sus misioneros a las Américas a construir iglesias y convertir a la "nueva gente".

Los clérigos que viajaban a las Américas pertenecían a varias órdenes religiosas católicas, como los franciscanos, jesuitas, agustinos y dominicos. Su objetivo principal era propagar la fe cristiana en el Nuevo Mundo, además de imponer la cultura española entre los nuevos conversos.

Algunos historiadores creen que los misioneros ayudaron a los conquistadores a sentirse justificados en su trato inhumano a los indígenas. De hecho, algunos misioneros los convertían a la fuerza. Sin embargo, se sabe que otros misioneros defendían los derechos de los nativos y protestaban por las políticas de los conquistadores. Bartolomé de las Casas, por ejemplo, llegó a la isla de La Española, en el Caribe, como misionero y se quedó estupefacto al ver a los indígenas esclavizados. De las Casas se convirtió en un firme defensor de la gente nativa.

En Esquípulas, Guatemala, la gente se reúne delante de una iglesia de estilo colonial español. Esta iglesia es un destino popular entre los peregrinos cristianos.

los indígenas tenían que presentar a los agentes coloniales una cantidad determinada de oro, plata, perlas y otros tesoros o sufrir un castigo o incluso la muerte.

OTROS PAÍSES, OTROS TERRITORIOS

La conquista de Brasil por parte de Portugal tuvo lugar al mismo tiempo que la colonización española de otras tierras. Pedro Álvares Cabral llegó a Brasil por primera vez en 1500 d. C., pero siguió navegando hacia el oeste hasta llegar a Calcuta, India. A los exploradores portugueses que seguían a Cabral se les llamaba *bandeirantes* o "abanderados". Su misión también era conquistar. Como los españoles, buscaban oro y otras riquezas, y esclavizaron a los indígenas para conseguirlo. Entre el 50% y el 90% de la población indígena de Brasil murió por enfermedades, brutalidad colonial o guerra.

Otras potencias europeas empezaron a colonizar las islas del Caribe cuando el dominio español decayó ligeramente. Por ejemplo, los británicos se apoderaron

El Monumento às Bandeiras es una escultura de gran tamaño que se encuentra a la entrada del parque Ibirapuera en São Paulo, Brasil. Lo realizó el escultor Victor Brecheret, quien lo terminó en 1954.

de Bermuda en 1612 y luego colonizaron Jamaica en 1655. Los franceses colonizaron varios territorios, como San Cristóbal, Guadalupe, Martinica y Granada, mientras que los holandeses se hicieron con un grupo de islas que incluye Aruba, Tobago y Saint Croix, las cuales en el siglo XVII comenzaron a conocerse como las Antillas Holandesas.

CAPÍTULO TRES

AMÉRICA LATINA BAJO EL CONTROL EUROPEO

La era colonial, cuando potencias europeas como España, Portugal, Francia, Gran Bretaña y otras controlaban las tierras y a la gente de América Latina, fue una época difícil y llena de desafíos.

Los amerindios sufrieron el racismo de los colonizadores y tuvieron que ver cómo sus sociedades se transformaban de maneras inesperadas. En la América Latina colonial, los colonizadores y sus familias se convirtieron en la aristocracia o clase alta. Tenían dinero, riquezas y grandes extensiones de tierra que, a menudo, recibían como regalo del monarca de su país. Los indígenas fueron esclavizados e, incluso cuando no eran esclavos, quedaban relegados a las clases más bajas. Sus vidas estaban totalmente bajo el control de los colonizadores.

POBREZA, ESCLAVITUD Y ENFERMEDAD

La vida de un esclavo en la América Latina colonial no era fácil. No solo se usaba a los esclavos para trabajar en las minas de oro y de otros metales preciosos, sino que se les explotaba como trabajadores agrícolas, ya que América Latina también se convirtió en un recurso agrícola para los colonizadores europeos. En las islas del Caribe se cultivaba el azúcar, por ejemplo, mientras que el suelo de Brasil se usaba para el café. Estos cultivos se exportaban a Europa, y así los países de Europa se enriquecían mientras América Latina empobrecía.

Estas mujeres se agachan para recolectar granos de café en una plantación de São Paulo. Brasil ha sido una de las fuentes principales de este recurso agrícola en América Latina desde la colonización europea.

En este dibujo, hecho alrededor de 1880, varios esclavos africanos son obligados a meterse bajo cubierta en un barco de esclavos después de ser capturados en su tierra natal en la costa oeste de África, conocida como "la costa de los esclavos".

Las poblaciones de los pueblos indígenas disminuían debido a los malos tratos y la llegada de nuevas enfermedades, a las cuales no eran inmunes. Pero los colonizadores europeos encontraron rápidamente una solución: importaron a un nuevo grupo de personas para que sirvieran de esclavos y "reemplazaran" a los amerindios. Estas personas eran, por supuesto, los africanos. El comercio transatlántico de esclavos fue uno de los peores crímenes de la historia humana. A lo largo de varios cientos de años, millones de africanos fueron esclavizados en América Latina.

(Continúa en la página 28)

UNA POBLACIÓN CAMBIANTE

Durante la época de la colonización europea de América Latina, la población comenzó a cambiar. Por ejemplo, los europeos y los indígenas a veces se casaban y tenían hijos. Lo mismo pasaba con los africanos que originalmente fueron obligados a ir a América Latina como esclavos. Los colonizadores asignaban ciertos valores a cada raza. Pronto desarrollaron un sistema para etiquetar a estos nuevos grupos de personas.

Los europeos podían ser criollos (personas blancas nacidas en las Américas) o peninsulares (personas nacidas en España o Portugal que luego fueron a América Latina). Muchos europeos no querían casarse con gente indígena ni con africanos; no querían perder su posición social de colonizadores, que les daba mucho más poder y ventajas.

Pronto apareció una nueva etiqueta para describir a los europeos que se mezclaban con la gente indígena. Los mestizos eran los niños nacidos de estas parejas mixtas. A los mestizos rara vez se les permitía disfrutar de los privilegios que tenían los que eran 100% europeos.

En otra categoría se incluía a las personas de origen africano. La palabra mulato se refería a los que eran una mezcla de gente indígena o europea con personas de ascendencia africana.

Los mulatos y los mestizos constituyen gran parte de las poblaciones actuales de muchos países de

América Latina, como Haití, Cuba y México. Hoy día en Colombia, por ejemplo, más de la mitad de la población es mestiza y aproximadamente una quinta parte es mulata.

En esta pintura mexicana del siglo XVIII aparecen un hombre blanco, una mujer negra y un niño mulato, representando la diversidad de razas que ya existía en América Latina.

Los colonizadores se aseguraron rápidamente de que su nuevo sistema de orden —en el cual los africanos e indígenas seguían oprimidos mientras los europeos se mantenían en el poder— fuera permanente. Con este fin, crearon leyes para impedir que los esclavos y la gente de las clases bajas adquirieran poder. Por ejemplo, en algunos lugares, había una ley que declaraba que los niños nacidos de una esclava se convertían automáticamente en esclavos y pertenecían al mismo dueño que su madre. Había otras leyes que prohibían a los esclavos y los indígenas ser dueños de tierras y otras propiedades. Así, tenían que depender siempre de los europeos.

COMIENZA EL CAMBIO

Las colonias de Gran Bretaña en América del Norte vencieron al Ejército británico y lograron la independencia, formando los Estados Unidos de América en 1783. Seis años más tarde, los franceses terminaron con la monarquía y los títulos de nobleza, en una revolución brutal, convirtiendo Francia en una democracia.

Estos dos acontecimientos mundiales —la Revolución francesa y la guerra de independencia de Estados Unidos— ayudaron a fomentar más revueltas, en las que mucha gente oprimida alrededor del mundo exigía la libertad. La gente de América Latina no se quedó atrás.

CAPÍTULO CUATRO

REVOLUCIÓN E INDEPENDENCIA

El movimiento independentista no ocurrió de forma unificada, ya que los latinoamericanos nunca formaron un solo grupo. Hubo una serie de revoluciones en diferentes lugares de la región, empezando por Haití.

LA BAHÍA DE LOS ESCLAVOS

Cuando Colón llegó al Caribe, en 1492, había aproximadamente un millón de indígenas en la isla de La Española (más tarde dividida entre Haití, al oeste, y la República Dominicana, al este). Cincuenta años después, debido a la opresión, las enfermedades y la brutalidad de los europeos, la población indígena prácticamente había desaparecido. (Incluso hoy, no existe una población nativa importante —es casi toda africana y mulata). España se hizo con el control de la isla, poblándola de esclavos africanos.

Francia y España entraron en guerra por Haití en 1793. Un esclavo liberado, Toussaint L'Ouverture, y otros comandantes negros se unieron primero a los españoles, pero cambiaron de bando en 1794 porque Francia, a diferencia de España, había abolido la esclavitud. Después de expulsar a los españoles, L'Ouverture gradualmente se hizo con el poder en Haití. En 1801, sus fuerzas tomaron el vecino Santo Domingo, controlado por los españoles, y liberaron a sus esclavos. Así L'Ouverture se quedó al mando de toda la isla.

Aunque más tarde fue capturado y encarcelado por los franceses, la revolución que él inició para acabar con siglos de esclavitud y opresión continuó bajo su sucesor, Jean-Jacques Dessalines. Haití fue finalmente liberado en 1804.

Este mapa, que data del siglo XIX, representa la ciudad de Puerto Príncipe, en Haití.

DE ESCLAVO A LUCHADOR POR LA LIBERTAD

François Dominique Toussaint nació en 1743 de madre esclava, mientras Haití estaba bajo dominio francés. Fue liberado legalmente en 1777 y formó una milicia en 1791 con el propósito de

Este grabado del siglo XIX retrata a François Dominique Toussaint, más conocido como Toussaint L'Ouverture (1743-1803), el líder de la Revolución haitiana.

liberar a otros esclavos. En 1793, añadió la palabra "L'Ouverture" ("abertura" en francés) a su nombre por la habilidad especial que él tenía para encontrar pasajes entre las líneas enemigas. Toussaint L'Ouverture luchó por Francia durante la guerra con España porque Francia había decidido abolir la esclavitud. Después de la victoria de Francia, L'Ouverture se convirtió en gobernador general en 1796. La esclavitud se abolió inmediatamente en Haití.

No obstante, la paz no duró mucho tiempo. El líder francés Napoleón Bonaparte quiso recuperar su dominio sobre Haití, invadiéndolo en 1802. Los franceses exigieron que L'Ouverture se rindiera. Él accedió, con tal de que los franceses prometieran no restaurar la esclavitud.

L'Ouverture murió en una prisión en Francia en 1803, pero los haitianos continuaron la lucha, expulsando a las fuerzas francesas en 1804. Aunque no vivió para verlo, gracias a él Haití consiguió la independencia.

LLEGA LA INDEPENDENCIA

Seis países latinoamericanos de la región norte de América del Sur deben su libertad a Simón Bolívar: Venezuela, Colombia, Panamá, Ecuador, Perú y Bolivia.

Nacido en el seno de una familia criolla adinerada de Venezuela, Bolívar estudió en Europa a finales del siglo XVIII, una época en la que las ideas revolucionarias se estaban extendiendo por el continente.

Cuando Bolívar volvió a América del Sur, ayudó a dirigir muchas campañas para la independencia en el Nuevo

Mundo, empezando por la de su país natal en 1811. A pesar de muchos años de retrocesos y fracasos, poco a poco estos países sudamericanos se liberaron de las cadenas de la opresión española y se hicieron independientes.

En México, la independencia también llegó en el siglo XIX. El Día de la Independencia de México se celebra cada año el 16 de septiembre. Ese día en 1810, un cura criollo llamado Miguel Hidalgo y Costilla hizo sonar las campanas de las iglesias y animó a la gente indígena pobre y oprimida a "recuperar de los odiados españoles las tierras robadas a vuestros antepasados". Once años después, en 1821, los oficiales del ejército mexicano Agustín de Iturbide y Vicente Guerrero redactaron un plan que resultaría en

Una vista de las aguas del lago Titicaca y la isla del Sol, en Bolivia. Esta isla fue un importante centro de asentamiento precolombino.

la independencia de México. Después de luchar contra el Ejército español, los mexicanos triunfaron en agosto de 1821.

En Brasil, el mandato portugués fue derrocado y la independencia se consiguió sin mucho derramamiento de sangre. El rey de Portugal designó a su hijo, Pedro I, como gobernante de Brasil, pero el príncipe declaró la independencia de la colonia. También se nombró a sí mismo primer emperador, aunque en 1831 cedió la monarquía a su hijo de cinco años, Pedro II, quien no llegaría a tener poderes plenos hasta cumplir los catorce años. A pesar de que el camino a la independencia fue relativamente tranquilo, ya que no hubo guerra ni batallas, la vida en Brasil continuó siendo bastante violenta para los pobres y esclavos.

EL DESPOTISMO CONTINÚA

La independencia no siempre iba acompañada de verdadera libertad y democracia para los latinoamericanos. En algunos países, los monarcas fueron reemplazados por dictadores crueles. En México, en 1876, Porfirio Díaz se hizo con el poder a través de un golpe de Estado. Gobernó México durante 35 años y su mandato llegó a conocerse como el Porfiriato, una época marcada por la corrupción y las violaciones de los derechos civiles individuales.

En la República Dominicana, subió al poder el general Rafael Leónidas Trujillo Molina en 1930. Hasta su asesinato, 31 años después, impuso leyes brutales e hizo sufrir a los dominicanos.

Justo al otro lado de la isla, Haití había sufrido años de revolución e inestabilidad. En 1957, François Duvalier se convirtió en presidente, marcando el comienzo de una

Una fotografía, tomada en 1959, del presidente François Duvalier, quien se convirtió en presidente y después en brutal dictador de Haití.

era horrenda de poder opresor y el establecimiento de una policía secreta: los Tontons Macoutes. Después de su muerte, su hijo Jean-Claude Duvalier continuó el reinado de terror de su padre, hasta que fue derrocado en 1986.

CAPÍTULO CINCO

GUERRAS ENTRE VECINOS

Hacia finales del siglo XIX y a lo largo del siglo XX, América Latina vivió periodos de prosperidad entremezclados con guerras regionales. Por ejemplo, en 1846, México entró en guerra con su vecino Estados Unidos. El resultado de la guerra Mexicano-Estadounidense fue que México perdió la mitad de su territorio; este territorio pasó a formar parte de Estados Unidos (hoy día, los estados de Arizona, California, Nuevo México, Texas y partes de otros estados).

CONFLICTOS REGIONALES

La guerra más sangrienta de la historia de América Latina enfrentó a Paraguay y la alianza formada por Argentina, Brasil y Uruguay. La guerra de la Triple Alianza, también conocida como la guerra Paraguaya, tuvo lugar entre 1864 y 1870. El motivo principal fueron las fronteras. Paraguay sufrió grandes pérdidas, tanto de territorio como de población. Murió más de la mitad de la gente que vivía en

(Continúa en la página 40)

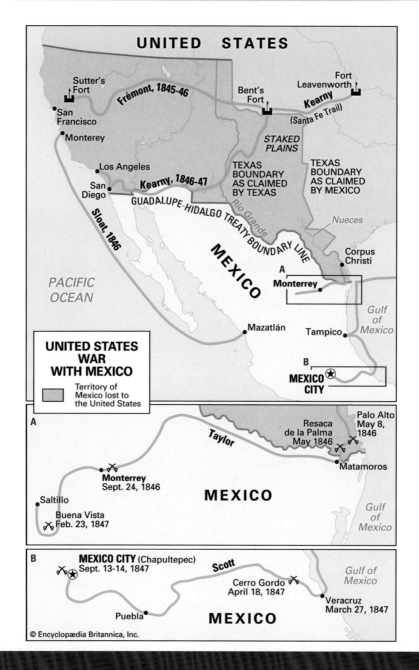

Este mapa muestra cuánto territorio cedió México a Estados Unidos, después de la guerra entre estos dos países vecinos.

EL FIN DE LA ESCLAVITUD EN AMÉRICA LATINA

Haití fue el primer país de América Latina en abolir la esclavitud, bajo la influencia de Toussaint L'Ouverture, en 1801. Por aquel entonces, 300 años después de que Colón "descubriera" América, muchos países europeos ya consideraban que la esclavitud era inmoral y comenzaban a aprobar leyes para abolirla.

Entre 1824 y 1829, varios países latinoamericanos que rechazaban el dominio colonial de las potencias extranjeras ilegalizaron la esclavitud: Guatemala, Argentina, Perú, Chile, Bolivia, Paraguay y México. Los siguieron Colombia, Venezuela y Ecuador en la década de 1840.

Uno de los últimos países de América Latina en abolir la esclavitud fue Brasil. Brasil era uno de los principales importadores de mano de obra esclava. Aproximadamente un 40% de todos los esclavos que llegaban a las Américas acababan en Brasil, donde recibían un trato brutal. A menudo los esclavos se sublevaban para conseguir la libertad, pero sus levantamientos eran sofocados. Finalmente, debido a la presión de la comunidad internacional y de otras naciones latinoamericanas, Brasil sancionó la **Ley Áurea**, la cual abolió la esclavitud en 1888. Sin embargo, muchos historiadores sostienen que continuaron existiendo otras formas de trabajos forzados en Brasil mucho después de la prohibición de la esclavitud, resultando en enormes desigualdades entre la población.

Este grabado del siglo XIX representa a un grupo de esclavos que lava diamantes como parte de sus trabajos forzados en Brasil.

Paraguay entonces, y su población de unas 525,000 personas bajó a 221,000 en 1871.

Entre 1879 y 1884, Chile, Bolivia y Perú entraron en lo que luego se conocería como la guerra del Pacífico. De nuevo el problema principal fueron las disputas fronterizas, ya que la mayoría de los países querían tener acceso a la costa del Pacífico para exportar e importar mercancías. Como resultado de esta guerra, Bolivia perdió el territorio que tenía en la costa del Pacífico, cediéndoselo a Chile.

Algunas veces, otros países han luchado entre sí usando América Latina como teatro de operaciones en lugar de pelear en sus propios territorios. Este fue el caso de la guerra de 1898 entre Estados Unidos y España. Estados Unidos ganó la guerra Hispano-Estadounidense, en la cual reclamaba los territorios de Puerto Rico y Guam. Cuba, que quería liberarse del Imperio español, logró su independencia. Puerto Rico sigue anexado a Estados Unidos, y los puertorriqueños son ciudadanos estadounidenses. Filipinas, que había sido colonia española, también quedó bajo dominio estadounidense. Estados Unidos construyó el canal de Panamá para poder transportar sus fuerzas navales entre los océanos Atlántico y Pacífico antes de ceder todos sus derechos sobre el canal en 1999.

AMENAZAS INTERNAS

Durante el último siglo, América Latina también ha sufrido numerosos golpes militares y guerras civiles. Uno de los golpes más sangrientos tuvo lugar en Chile cuando el presidente Salvador Allende fue derrocado por Augusto Pinochet en 1973. Este suceso marcó el comienzo de

(Continúa en la página 42)

Por el canal de Panamá pasan barcos grandes y pequeños. Esta vía de navegación artificial constituye una conexión vital entre los océanos Atlántico y Pacífico.

Una manifestación en 1983 contra el gobierno del general Augusto Pinochet de Chile. Los manifestantes se presentaron en el funeral de Patricio Yáñez, de 14 años, asesinado durante una protesta dos días antes.

una época terrible para los chilenos, ya que Pinochet fue responsable del asesinato, detención y tortura de decenas de miles de chilenos que se oponían a la dictadura. Fue detenido en 1998 y habría sido procesado por sus violaciones de los derechos humanos, pero fue declarado mentalmente incompetente para defenderse y murió antes de que pudiera ser juzgado.

Los cubanos lograron la independencia, pero pronto sufrieron bajo los gobiernos corruptos del general Gerardo Machado y Morales y más tarde de Fulgencio Batista. En 1958, después de una revuelta de los rebeldes comunistas, el control de la isla pasó a Fidel Castro. Castro llevó a cabo muchas reformas socialistas, pero trataba mal a los que no estaban de acuerdo con sus políticas. Pronto comenzaron a huir de la isla muchos cubanos para ir al país vecino, Estados Unidos. Castro renunció oficialmente a la presidencia en 2008, poniendo fin a sus casi 50 años en el poder. Le sucedió su hermano menor Raúl como líder de Cuba. El 17 de diciembre del 2014, Raúl Castro y el entonces presidente de Estados Unidos, Barack Obama, anunciaron el restablecimiento de relaciones diplomáticas entre los dos países, suspendidas desde 1961.

Las guerras contra el narcotráfico también han causado graves problemas para los latinoamericanos. Muchas drogas ilegales llegan a Estados Unidos por la vía de México, lo que ha causado tensiones en las relaciones entre los dos países. Sin embargo, la existencia de bandas de traficantes y "señores de la guerra" hace muy difícil y peligroso intentar acabar con el tráfico de sustancias ilegales. En Colombia, el comercio de drogas ilegales a menudo ha sido una fuente importante de ingresos para grupos rebeldes como las FARC (Fuerzas Armadas Revolucionarias de Colombia), que libró una guerra civil de muchos años contra el Gobierno de Colombia. En septiembre del 2016, se lograron algunos avances hacia la resolución del conflicto cuando el presidente de Colombia, Juan Manuel Santos, y el líder de las FARC, Rodrigo Londoño, firmaron un acuerdo de paz histórico. El congreso de Colombia aprobó una versión revisada del acuerdo a finales de noviembre. En reconocimiento a sus esfuerzos por acabar la guerra, Santos recibió el Premio Nobel de la Paz, en 2016.

GLOSARIO

abolir acabar oficialmente con algo, como una ley.

agricultura el cultivo de la tierra o la ciencia de cultivar la tierra.

alianza un grupo de personas, países, etc. que se unen para realizar alguna actividad o emprender algo.

anexar tomar control de algo, como un territorio o un lugar.

arcabuz un tipo de arma de fuego, parecido a un fusil, que usaron los conquistadores contra los amerindios.

bandeirantes una palabra portuguesa, que significa literalmente "abanderados" o "los que llevan la bandera", que se refiere a los conquistadores portugueses.

Beringia un puente terrestre que existió entre Siberia y Alaska durante la última época glacial.

caballería la parte de un ejército que tiene soldados montados a caballo.

civilización una sociedad bien organizada y desarrollada en su etapa más avanzada.

colonizar/colonización tomar el control de un lugar y enviar a gente a vivir en él.

comercio transatlántico de esclavos el segmento del comercio de esclavos que obligó a millones de africanos esclavizados a cruzar el océano Atlántico para llegar a las Américas entre los siglos XVI y XIX.

conquistador uno de los líderes militares españoles que viajaron al hemisferio occidental para conquistar o ganar territorios para la monarquía española.

criollo actualmente se refiere a una persona de ascendencia mixta europea y negra; en el pasado, se refería a los europeos que habían nacido en América Latina en lugar de nacer en Europa.

encomienda un sistema según el cual los amerindios debían presentar a los agentes coloniales locales cantidades determinadas de oro, plata, perlas u otros tesoros si no querían ser castigados o morir.

esclavitud el hecho de pertenecerle a un dueño; personas obligadas a trabajar sin que se les pague.

golpe de estado un acto repentino y muchas veces violento por el cual se intenta reemplazar al gobierno de un país.

indígena se refiere a personas o cosas que viven o existen de forma natural en un lugar o ambiente determinado. Por ejemplo, la gente indígena de las Américas eran los nativos americanos.

libertador una persona que libera o ayuda a liberar a un pueblo o una nación del control de otra persona o grupo de personas.

mestizo una persona de ascendencia mixta europea y amerindia.

milicia un grupo de personas que no forma parte de las fuerzas armadas de un país pero recibe instrucción militar.

mulato una persona de ascendencia mixta blanca y negra.

nativo nacido en un lugar determinado.

peninsulares en la época colonial, se refería a las personas nacidas en España o Portugal que vivían en América Latina.

tráfico actividad ilegal o indebida, normalmente de tipo comercial (como el tráfico de drogas).

PARA MÁS INFORMACIÓN

Baquedano, Elizabeth. *Aztec, Inca & Maya* (DK Eyewitness Books). Nueva York, NY: DK Publishing, 2011.

Gibson, Karen Bush. *South America*. Edina, MN: Capstone Press, 2016.

Hirsch, Rebecca Eileen. *South America*. Jefferson, MO: Scholastic, 2011.

Koponen, Libby. *South America* (True Books). Jefferson City, MO: Scholastic, Children's Press, 2009.

Mann, Charles. *1493 for Young People: From Columbus's Voyage to Globalization*. Nueva York, NY: Triangle Square Books, 2016.

Morrison, Marion. *Brazil: Countries Around the World*. Nueva York, NY: Heinemann, 2011.

Pascal, Janet. *What Is the Panama Canal?* Nueva York, NY: Grosset and Dunlap, 2014.

Petrillo, Valerie. *A Kid's Guide to Latino History*. Chicago, IL: Chicago Review Press, 2009.

SITIOS DE INTERNET

Debido a la naturaleza cambiante de los enlaces de internet, Rosen Publishing ha elaborado una lista de sitios web relacionados con el tema de este libro. Este sitio se actualiza de forma regular. Por favor, utiliza este enlace para acceder a la lista:

http://www.rosenlinks.com/ELA/history

ÍNDICE